AF232490

L 27
n
23667

NOTICE

SUR

SAINTE EUSÉBIE

ABBESSE ET MARTYRE

NOTICE

SUR

SAINTE EUSÉBIE

ABBESSE ET MARTYRE

DU DIOCÈSE DE MARSEILLE

PAR

L'ABBÉ **V. VERLAQUE**

DEUXIÈME ÉDITION.

MARSEILLE

TYPOGRAPHIE ET LITHOGRAPHIE ARNAUD, CAYER ET Cᵉ

Rue Saint-Ferréol, 57

—

86-

TOMBEAU DE SAINTE EUSÉBIE

(Musée de Marseille.)

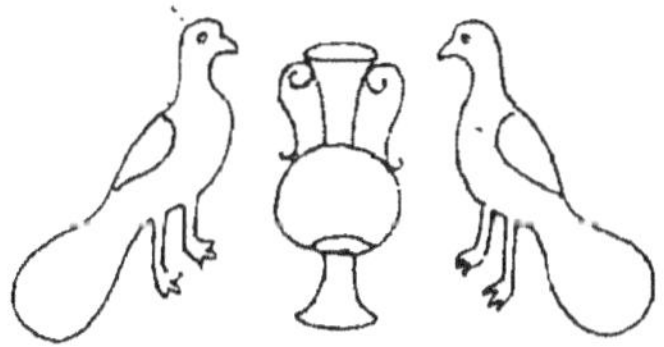

INSCRIPTION CONSERVÉE

AU MUSÉE DE MARSEILLE.

NOTICE

SAINTE EUSÉBIE

ABBESSE ET MARTYRE

’EXACTITUDE et les faits particuliers manquent parfois aux auteurs d’histoires générales, et cela se comprend : occupés des grandes lignes de leur sujet ils négligent les détails. Les historiens locaux, au contraire, limités par un cadre plus restreint, peuvent se livrer à des recherches plus sérieuses, éclaircir des points obscurs et faire reparaître ces belles figures, malheureusement obscurcies faute d’éclaircissements et de recherches.

L’église de Marseille, l’une des plus anciennes des Gaules, pour ne pas dire la plus ancienne, est riche en sujets d’édification. Plusieurs évêques, qui occu-

pèrent le siége de cette ville, méritèrent par leur
sainteté d'être placés sur les autels, et une des plus
célèbres abbayes de la chrétienté y fut, pendant de
longs siècles, une pépinière de saints. Une savante
plume a déjà ouvert l'histoire hagiographique de ce
diocèse par la publication de la *Vie de saint Se-
renus* (1).

Celle que nous offrons aujourd'hui au lecteur
n'est autre qu'une scène touchante appartenant aux
premiers siècles de l'Eglise de la Provence.

Quoique cette partie des Gaules ait été saccagée
par les hordes sarrasines et qu'elle ait vu anéantir
tout ce qu'elle avait de plus cher au cœur chrétien,
c'est-à-dire les monastères, les églises et les archives
du pays, tant civil qu'ecclésiastique, cependant,
lorsqu'une tradition est debout depuis plusieurs
siècles, sans qu'il soit possible de lui assigner une
origine différente des évènements mêmes qu'elle
rapporte, on peut supposer avec raison qu'elle exis-
tait également dans les temps antérieurs où l'absence de documents ne permet pas d'en rechercher
les traces. Etudier les vieilles légendes, abstrac-
tion faite de louange et de blâme, examiner avec
soin leur origine et leur valeur, dégager l'élément
historique qui s'y trouve renfermé sous le voile de

______

(1) Par M. l'abbé Bayle.

la poésie, dépouiller le fait principal des circonstances accessoires, telle est la tâche qu'une saine critique est appelée à fournir, et tel est aussi le but que nous nous sommes toujours proposé dans le cours de cette notice, qui va ouvrir une série de publications nécessaires pour compléter l'hagiographie de l'Eglise de Marseille.

La vie monastique, qui s'est produite successivement sous des formes variées, consistant, au fond, dans une consécration spéciale à Dieu, ce genre de vie n'a pas dû commencer par les hommes. Dans les premiers temps où le clergé n'était pas très nombreux, ceux des fidèles qui étaient disposés à quitter la vie laïque étaient enrôlés dans la hiérarchie chargée de pourvoir, par l'exercice du saint ministère, aux besoins les plus généraux et les plus essentiels. Ce sont donc les femmes qui ont été appelées les premières à la vie religieuse. Aussi, nous pouvons avancer, sans craindre de nous tromper, que c'est sainte Marie-Madeleine qui, la première, goûta dans le désert de la *Sainte-Baume* les joies et le bonheur de ce sacrifice.

Comme nous l'avons dit ailleurs, Cassien, après avoir établi à Marseille, au commencement du Ve siècle, le monastère de Saint-Victor (1), et lui

(1) Voir notre *Notice sur l'abbaye de Saint-Victor*, p. 9.

avoir donné des règles, songea à en bâtir un second pour les femmes, qui fut placé sous le vocable de Saint-Sauveur (1).

Plusieurs auteurs n'étant pas d'accord sur l'emplacement de ce monastère, nous n'entrerons pas ici dans une discussion qui nous mènerait trop loin et qui nous écarterait de notre but. Cependant, l'opinion la plus accréditée sur ce sujet est que l'abbaye de Saint-Sauveur fut bâtie au pied de la montagne de Notre-Dame-de-la-Garde sur l'endroit même où se trouve aujourd'hui le bassin de Carénage (2). D'autres veulent qu'il ait été établi là où se trouve actuellement la Major, et comme appui à cette opinion, ils signalent un passage souterrain qui, selon eux, a existé ou existerait encore entre Saint-Victor et la Major; or, cette opinion est purement erronée vu que les fouilles pratiquées pour le creusement du bassin de carénage n'ont montré aucun vestige de ce souterrain. Puis, cette idée ne se trouve rapportée que par Grosson (3), et encore il n'en parle que pour la réfuter.

---

(1) Cassianus natione scytha, Constantinopoli a Joanne magno episcopo diaconus ordinatus, apud Massiliam presbyter, condidit duo monasteria, idest, virorum et mulierum. (Voir *De illust... Ecclesiæ script..* Coloniæ, 1586).

(2) Ant. de Ruffi, *Hist. de Marseille,* t. II, liv. I.

(3) *Monographies Marseil...* 239.

Faute de documents précis, nous ne pouvons pas nous étendre sur les commencements de ce monastère, qui fut pour ainsi dire le berceau de toutes les communautés religieuses de femmes, car ce fut la première de ce genre que la Gaule ait possédée (1). Quelles sont les premières abbesses qui régirent cette maison? Dieu seul les connaît ; effacés du souvenir d'ici-bas, leurs noms sont inscrits dans les archives célestes.

Respecta est la première abbesse dont le nom nous soit parvenu; une correspondance très suivie qu'elle eut avec le pape saint Grégoire le Grand nous permet de fixer son existence vers le milieu du VI· siècle (2).

L'abbaye de Saint-Sauveur fut un asile de paix et de consolations pour les âmes qui avaient soif de repos et de sacrifice. La prière et le travail manuel étaient les deux principales occupations de ces saintes femmes, qui avaient méprisé les richesses de la terre pour posséder les trésors du ciel. Ce-

---

(1) Voir la *Notice sur l'abbaye de Saint-Sauveur,* par M. André, sous-archiviste du département des Bouches-du-Rhône.

(2) *Gallia Christ,* t. I, diocèse de Marseille, p. 697. — *Opera sancti Gregorii mag.,* t. III, p. 720 *a,* édit. Migne. Ce même pontife adressa à Respecta une bulle que nous donnons *in extenso.* Voir aux pièces justificatives.

pendant elles quittaient volontiers la quenouille et l'aiguille, non-seulement pour transcrire des manuscrits et les orner de miniatures, dans le goût de leur temps, mais surtout pour étudier les livres saints, les pères de l'Eglise, et même les auteurs classiques (1). Le chant de l'office au chœur entrait aussi dans leurs habitudes quotidiennes.

Cassien avait voulu par ce moyen que la vie des religieuses fût conforme, le plus possible, à celle des religieux de Saint-Victor.

La clôture la plus stricte y était observée. Rien n'était en particulier, tout ce qui était dans le monastère appartenait également à toute la communauté. Les religieuses étaient toujours ensemble soit à l'église, soit au réfectoire, soit au dortoir. Rien dans les habits, qui étaient grossiers et simples, ne distinguait l'abbesse des autres religieuses. Elle devait, comme ces dernières, se trouver aux différents exercices de la journée. Toutes respectaient en elle son pouvoir et lui étaient fidèlement soumises. En un mot, les trois vœux de la vie religieuse y étaient exactement observés. Aussi il ne faut pas s'étonner

(1) Il est constant, d'après des témoignages avérés, que les études littéraires étaient cultivées au VIIe et au VIIIe siècle dans les monastères de femmes. (Voir Montalembert, *Moines d'Occident*, t. V.)

d'y voir venir un grand nombre de jeunes personnes, et cela de toute part, pour embrasser la vie religieuse.

Nous lisons dans la biographie de saint Césaire d'Arles (1) que cet évêque, désirant établir dans sa ville épiscopale un monastère de femmes, envoya à Marseille, dans le dessein de se former à la vie religieuse, sa sœur Césaria, qui fut rappelée par son frère, lorsque celui-ci la crut suffisamment instruite et avancée dans la vie monastique pour la mettre à la tête de la nouvelle communauté qu'il allait établir. C'est sans doute au monastère de Saint-Sauveur que Césaria fit son noviciat.

Vers cette époque, une jeune fille, à peine âgée de quatorze ans, entra dans le monastère de Saint-Sauveur pour y prendre le voile sacré et devenir l'épouse de l'agneau sans tâche. Eusébie (2), tel était le nom de cette jeune vierge, avait dit dès sa jeunesse un adieu éternel au monde et à tous ses plaisirs passagers, et au lieu d'être éblouie par tout ce qui corrompt un cœur qui n'est pas pur, elle n'en eut que du mépris.

La main de l'époux céleste pouvait seule prétendre à cueillir cette fleur qui s'élevait si fraîche et si

(1) *Vie de saint Césaire d'Arles,* liv. I, chap. VIII et XIV.
(2) Dérive du mot grec Ευσηβια, qui signifie *pieuse.*

suave du milieu de ce monde corrompu, et il inspira au cœur d'Eusébie un amour digne de Celui dont il l'avait aimée sur la croix. La vierge répondit pour toujours aux avances d'un Dieu, et jura dans son âme qu'elle n'admettrait jamais un époux mortel.

Se sentant appelée de plus en plus à la vie religieuse, elle résolut de consommer entièrement ce sacrifice qui l'enlevait aux amours de cette vie pour la vouer à un amour éternel. Malgré les pleurs d'un père et d'une mère chéris, tout fut inutile, rien ne put ébranler sa résolution. Eusébie quitta donc cette maison où elle avait passé sa jeunesse et fit les derniers adieux à ses parents. Comme elle était déjà connue par sa sainteté et par le désir qu'elle avait de se consacrer au Seigneur, elle fut admise sans difficulté au nombre des novices par l'abbesse qui gouvernait alors le monastère. Pendant tout ce temps d'épreuve, la jeune vierge fit de grands progrès dans l'obéissance et l'humilité, et lorsque le moment solennel de se fiancer pour toujours avec l'époux céleste fut arrivé, la communauté ayant été rassemblée pour savoir son avis sur ce sujet, le consentement fut unanime ; elle voyait déjà dans cette humble et sainte novice celle qui devait un jour remplacer l'abbesse actuelle.

Le lendemain, Eusébie reçut des mains de l'évêque de Marseille le voile sacré qu'avaient honoré avant elle les Praxède et les Pudentienne, et que portaient alors dans le monde chrétien tant de vierges fidèles, la plus belle parure de l'Eglise. Quelques années après sa profession la supérieure vint à mourir.

Le choix pour la remplacer ne fut pas difficile. Toutes les religieuses s'étant assemblées pour procéder à la nouvelle nomination, elles prirent d'un commun accord Eusébie, comme étant la plus digne. Malgré tous ses refus, elle dut accepter, et sa nomination fut confirmée par l'abbé de Saint-Victor.

Quoique jeune, la nouvelle abbesse avait déjà l'expérience nécessaire pour diriger une pareille maison qui, au dire de la chronique, était alors fort peuplée. La régularité la plus exemplaire s'y maintint toujours ainsi que la piété et l'obéissance.

Sous la conduite d'une pareille supérieure, Saint-Sauveur ne fit que gagner, et je crois même qu'on eût pu dire de lui ce qu'on disait de Saint-Victor, surnommé à juste titre *Porte du Paradis* (1).

Nous arrivons à une époque sur laquelle les historiens ne sont pas d'accord : d'après les uns c'était vers 727, d'après les autres c'était vers 731 (2).

(1) De Ruffi, *Hist. de Marseille,* t. II, liv. I, chap. concernant l'abbaye de Saint-Victor.

(2) *Annal. O. S. B.,* t. IV, p. 539. — *Act.* SS. O. S. B, t. IV, p. 436. — *Annal. Metens. ad ann.,* 727.

Mais nous croyons, comme nous le montre le cartulaire de Saint-Victor, que c'était pendant le règne du faible successeur de Charlemagne (1). Les sarrazins qui avaient conquis toute l'Espagne en 724, désireux d'étendre leurs possessions, jetèrent leurs regards sur la Gaule ; ayant fait une descente dans ce pays, ils s'emparèrent de la Narbonaise, puis de là ils se dirigèrent vers Arles, qui subit le même sort. Voyant que rien ne pourrait leur résister, ils résolurent de se rendre maîtres de Marseille ; mais cette fois la fortune leur fit complètement défaut : Charles-Martel, qu'avait appelé à son secours Thierry IV, les défit complètement et les força de regagner le nord de la Gaule.

Un intrépide apôtre de l'Allemagne ne put s'empêcher d'élever la voix à la vue des tourbillons de fumée et de poussière qui s'élevaient au passage des Maures sur la terre d'Espagne, de Provence et de Burgondie, et s'avançaient jusqu'aux portes de la Germanie (2).

(1) Post multorum curricula annorum cum idem piissimus princeps (Carolus magnus) a sæculo decessisset et omnipotens Deus flagellare vellet populum Christianum per sæviciam paganorum, gens barbarica in regno Provinciæ irruens destruxit ecclesias ac plurima monasteria (*Cartul. de Saint-Victor*, t. I, n° 15).

(2) *S. Bonifacii, mart. et archiepiscop.*, Epist. XIX, ad Ethibaldum regem. — *Chroni. vet. Moissiac*, D. Bouquet, t. II, p. 655.

Ces cruels guerriers ravagèrent depuis plusieurs fois la Provence. C'est sans doute dans une de leurs excursions qu'ils vinrent remettre le siége devant Marseille. Après s'être noblement défendus, les habitants de cette ville se virent obligés de capituler : les premiers soins des Sarrazins en entrant dans la colonie phocéenne furent de piller le monastère de Saint-Victor. Il était désert, les religieux s'étaient enfuis en sachant le sort qui les attendait. De là ils allèrent à l'abbaye de Saint-Sauveur. Eusébie avertie depuis quelques jours de l'approche de ces forbans, en avait fait part à ses religieuses. Plusieurs d'entre elles s'étaient retirées dans la ville; trente-neuf seulement restèrent, aimant mieux mourir que de quitter cette chère solitude qui avait été témoin de leur serment et qui devait leur servir de tombeau.

La supérieure, voyant que le moment de compléter son sacrifice par la palme du martyre n'était pas éloigné, rassembla aussitôt ses religieuses au pied de l'autel, et là, d'une voix émue, elle leur parla en ces termes : « Mes chères filles, prions et « demandons à Dieu de nous donner la force et le « courage nécessaires pour remporter victorieuse- « ment la couronne immortelle. » Puis, s'étant recueillie quelques instants, elle se dressa et, saisissant le crucifix qui se trouvait sur l'autel, elle

continua son allocution : « Bientôt nous jouirons
« d'un bonheur éternel, offrons courageusement
« notre vie à l'exemple de ce divin maître qui a
« tant souffert pour nous racheter. Courage! c'est
« non loin d'ici que saint Victor et ses compagnons
« ont reçu cette brillante auréole qui bientôt va il-
« luminer nos fronts. Comme notre virginité
« pourra être mise à l'épreuve, suivez mon exem-
« ple. » Et en disant ces paroles, elle se coupa le
nez et se mutila la figure à coups de couteau ; toutes les religieuses, fidèles jusqu'à la mort aux or-
dres de leur supérieure, suivirent sans peine cet
exemple, qui ne peut être offert que par des âmes
fortement unies à Dieu (1). A peine cet acte était-il
terminé, que les portes du monastère volèrent en
éclats sous les coups redoublés des barbares qui,
s'étant rendus à l'église, massacrèrent toutes les religieuses sans en épargner aucune. Et maintenant
que le sacrifice est consommé, ne pouvons-nous pas
dire ce que l'Eglise de Constantinople, encore unie
avec le siége apostolique, disait autrefois à la vierge
romaine, sainte Cécile ?

« Tu as su conserver ton corps sans souillure et
« affranchir ton cœur de tout amour sensuel, ô Eu-

---

(1) C'est pour cette raison qu'elles reçurent le surnom de
senso nas, les sans nez.

« sébie, digne de toute louange ! Tu t'es présentée
« à ton Créateur comme une épouse immaculée,
« dont le martyre a comblé la félicité ; il t'a admise
« aux honneurs d'épouse comme une vierge sans
« tache.

« Tu as méprisé les richesses de la terre dans ton
« ardeur de posséder le trésor du ciel ; dédaignant
« les amours d'ici-bas, tu as choisi ta place dans
« les chœurs des vierges, et la sagesse t'a conduite
« à l'Epoux céleste. Tu as vaillamment combattu,
« tu as terrassé, par ton mâle courage, les assauts
« du démon pervers. O toi, l'honneur des athlètes
« du Christ ! O Eusébie ! le désir de posséder Dieu,
« l'amour qui procède du plus intime de l'âme,
« l'ardeur divine t'ont enflammée toute entière ;
« ces sentiments ont fait de toi un ange dans un
« corps. Intrépide, tu as tendu le cou au glaive ;
« ton sang a consacré la terre qui le recevait, et ton
« âme, en traversant les airs, les a sanctifiés.

« Tu es le jardin fermé, la fontaine scellée, la
« beauté réservée, l'épouse glorieuse qui brille sous
« le diadème, le paradis fleuri et divin du roi des
« vertus, ô Eusébie pleine de Dieu ! »

Le 9 octobre de l'année 966, Honoré, évêque de
Marseille, de concert avec ses frères, vicomtes de
cette ville, rétablit le monastère de Saint-Victor (1).

____

(1) Factum est ut monasterium Sancti-Victoris olim præci-

Nous lisons dans un ouvrage que le monastère de Saint-Sauveur fut reconstruit dans l'intérieur de la ville et dans une maison voisine de la prison de Saint-Lazare : sans doute c'était pour éviter qu'il ne fût de nouveau détruit (1).

Après sainte Eusébie, tout nous porte à croire que le monastère resta encore plusieurs années sans avoir de religieuses. Le nom de l'abbesse qui nous soit parvenu immédiatement après notre sainte est celui de Tillisola, comme nous l'apprend l'épitaphe suivante :

✠   ✠   ✠

IN HOC TUMULO SITA EST TILLISOLA
ABBATISSA QUE NOMINIS SUI DECUS
VITA FACTISQUE SERVABIT
CHRISTI EI IA' MARIAM MENTE
SEC TUA FIDEM VIRGO
VIRGINIBUS SACRIS XL PRÆFUIT
ANNIS V5 XII AIIII. X. X
DIEBUS VII. IDUS APRILIS INDICT VIII (2)

puum et famosissimum fuerat labefactatum et pene ad nihilum reductum : quousque bonæ memoriæ dom. Guillelmus et dom. Honoratus præfatæ civitatis episcopus et frater eius (V. *Grd Cartulaire de Saint-Victor* et celui du prieuré de Saint-Damien, par l'abbé Giraud).

(1) *Cassianus illust.* p. 420, ligne 11, ch, XVII.
(2) *Acta* SS. O. S. B., IV, p. 539,

CULTE EN L'HONNEUR

DE

SAINTE EUSÉBIE

———

Le corps de sainte Eusébie, ainsi que ceux de ses compagnes, furent recueillis dans deux magnifiques sarcophages en marbre blanc : l'un renfermait celui de la sainte abbesse, et l'autre ceux des autres religieuses qui avaient reçu avec elle la palme du martyre. Le tout fut ensuite descendu avec grande solennité dans les souterrains placés sous l'église, qui venait d'être rétablie, et ce précieux trésor fut confié à la chapelle de Notre-Dame-de-Confession. Sans trop nous étendre, nous allons donner ici une courte esquisse de cet oratoire.

D'après un acte authentique du XIᵉ siècle, nous voyons que cette chapelle existe depuis le règne d'Antonin-le-Pieux (1), et qu'elle aurait été bâtie

———

(1) Cet acte se trouve dans le *Cartulaire de Saint-Victor*, on y lit : Monasterium apud Massiliensem urbem tempore Antonini, fondatum quod postea a B. Cassiano, abbate constructum.

sur l'emplacement même où autrefois sainte Marie-Madeleine et saint Lazare rassemblaient les premiers chrétiens de Marseille.

Les deux basiliques (la supérieure et l'inférieure), furent consacrées le 15 octobre de l'année 1040, par le pape Benoît IX, qui vint faire cette cérémonie à la prière de saint Isarn, qui était alors abbé de Saint-Victor. D'après la chronique de ce monastère, l'autel de la basilique souterraine fut consacré en 1251 par le cardinal d'Albano, qui avait accompagné le pape Innocent IV, lors de son voyage en France.

Ce qui a dû contribuer beaucoup à la vénération de cet oratoire, c'est sans doute la statue de la vierge que l'on y voit. Elle est en bois et d'un travail remarquable; d'après plusieurs auteurs elle y aurait été placée depuis un temps immémorial. La tradition va même à dire que saint Luc en est l'auteur. Elle est connue vulgairement sous le nom de *Nouastro-Damo-de-Fucnou*. Enlevée de ce sanctuaire par la tourmente de 93, elle n'y fut replacée que le 2 février 1822.

Il y avait aussi dans cette chapelle une autre statue, celle de sainte Eusébie : on l'avait représentée sans nez et la figure toute mutilée, en mémoire de son acte héroïque. Les femmes ne pouvaient pas pénétrer dans ce sanctuaire (1). Dans la suite, les chapelles contiguës à celle-ci renfermèrent un très grand nombre de corps saints. On venait de toute part pour y vénérer les corps de saint Blaise, évêque de Sébaste, de saint Laurent, de saint Maurice et de ses compagnons, de saint Mauront, etc. (2).

D'après plusieurs auteurs et la légende de l'ancien plan de ces souterrains (3), le tombeau de sainte Eusébie et celui de ses compagnes étaient placés sous l'ancien autel de la chapelle de Notre-Dame-de-Confession. Les paroles du poète trouvent ici leur application :

> Sic venerarier ossa libet,
> Ossibus altar et impositum (4).

Jusqu'en 1793, les sarcophages et l'autel restèrent debout, mais à cette époque le vandalisme s'abattit avec rage sur cette maison de prières et de consolations, et détruisit tout ce que la religion avait de plus sacré. Ainsi, cette antique abbaye vit profaner ses saints lieux, jeter aux vents les ossements de

---

(1) Cette défense existe encore à Rome pour plusieurs sanctuaires; de ce nombre se trouvent : les chapelles de Saint-Jean, dans le baptistère de Latran, celle de Sainte-Hélène, à Sainte-Croix de Jérusalem. — *Annal.* O. S. B., t. II. p. 90.

(2) V. *Bull. S. Victoris*, fol. XLI, LV, CV, etc.

(3) Faillon, *Monuments inédits*, etc., t. I.

(4) Prudent, *Peristeph. III*, 211.

cette phalange de bienheureux qu'elle abritait ; en un mot, sa destruction fût complète. Il n'est resté de ce splendide monastère que des ruines et des pierres pour qu'il fût dit de lui, ce que Josué disait autrefois de l'arche d'Alliance : « Ces pierres ont « été placées comme monument pour les fils d'Is- « raël. Elles sont encore là (1). » L'autel et le tombeau de sainte Eusébie, ainsi profanés, ont été placés dans le musée de Marseille (2) ; ils attirent surtout l'attention des archéologues. Nous allons en parler successivement.

Le premier est formé d'une table de marbre, dont les dimensions sont : 1 mètre 77 cent. de long, sur 1 mètre 12 cent. de large ; la frise sculptée sur la partie antérieure présente le monogramme du Christ, accompagné de douze colombes affrontées et, sur la partie opposée, un nombre égal d'agneaux, aussi affrontés, paraissant révérer un treizième, placé au milieu sur un tertre un peu plus élevé. Le dessus de la table est creusé de 6 millimètres. En étudiant de près cet autel, on voit qu'il n'est pas antérieur au Ve siècle. La colombe est très souvent employée dans les monuments figurés (3), pour dési-

----

(1) *Livre de Josué,* ch. IV, V, 7 et 9.
(2) L'un porte le numéro 36 et l'autre 46.
(3) *S. Paulinus,* epist. XII, ad Severum.

gner les apôtres. Bien que ce symbolisme ait été souvent employé pour représenter différents sujets de l'Ancien et du Nouveau-Testament, cependant nous croyons voir dans cette représentation-ci les douze apôtres suivant Jésus-Christ, figuré par le monogramme qui est en avant.

L'agneau sur un monticule, attitude très fréquemment employée, signifie Jésus-Christ en personne (1). Cette manière de figurer l'agneau de Dieu nous paraît la plus ancienne. Les douze agneaux représentent les douze apôtres en adoration devant Notre-Seigneur. Les autels de ce genre ne sont pas rares en Provence (2).

Plusieurs savants ont essayé d'interpréter les différentes figures qui se trouvent sculptées sur ce tombeau. Grosson le reconnaît comme romain et y voit représentée une femme effrayée par un monstre, et sur les autres côtés les scènes d'un affranchissement.

Nous croyons, en nous appuyant sur un grand nombre de scènes identiques, représentées dans la *Roma subterranea* (3), que l'artiste a voulu figu-

(1) *Bottari*, tav. XXI, XXII. — *Buonarruotti, vetri ornati di figure...* etc., tav., VI, 1. — Millin, *Voyages dans les départements du midi de la France*, pl. LIX, 3.
(2) L'on en voit à Auriol, Avignon, Tarascon, Sixfours, etc.
(3) *Arringhi*, t. I, p. 315.

rer Jonas rejeté par la baleine qui l'avait englouti, et Moïse frappant le rocher pour en faire jaillir l'eau; puis, le même législateur recevant sur le Sinaï, les tables de la loi. Examinons ces emblêmes,; il n'est pas une classe de monuments dans l'antiquité chrétienne où l'histoire de Jonas ne soit reproduite; elle se trouve très souvent dans les bas-reliefs des sarcophages (1). Il est regardé comme l'une des figures représentant le mieux Jésus-Christ. Les SS. Pères citent souvent l'histoire de ce prophète comme figurant la résurrection du Sauveur (2). Moïse recevant les tables de la loi (3). On voit ce sujet sur la plupart des monuments, et en particulier sur des sarcophages qui reproduisent le miracle de l'eau jaillissant du rocher sous la verge de Moïse comme nous le voyons dans celui-ci. On peut regarder la représentation de ce fait si souvent répété comme une protestation contre la doctrine des Manichéens, qui prétendaient que Moïse avait reçu la loi du prince des ténèbres et non pas du vrai Dieu. Sur les tombeaux, ou les parois des chambres sépulcrales, elle attestait que les défunts avaient

(1) Milin, *Midi de la France*, pl. LXVII, 1. — Martigny *Dict. antiq. chrétiennes*, p. 344.
(2) Petr. Chrysos. Sermo de Jonæ proph. signo.
(3) *Exod.*, XXXI, 88.

échappé à la contagion de cette hérésie, fort répandue dans les premiers siècles (1).

Il nous reste à mentionner l'épitaphe de cette sainte, qui est actuellement au Musée (2).

✝ HIC REQVIESCET IN PACE
EVSEBIA RELIGIOSA
MAGNA ANCELLA DEI QVI
IN SECVLO AB HENEVNTE
ETATE SVA VIXIT
SECOLARES ANNVS XIIII
ET VBI A DEO ELECTA EST
IN MONASTERIO SCS. CYRICI
SERVIVET ANNUS QVINQVA
GINTA RECESSET SVB DIE
PRIDIE CALENDAS OCTOB IND SESTA

Comme on le voit à la simple lecture, cette inscription doit dater du IX⁎ siècle; plusieurs mots écrits contrairement aux règles de la latinité montrent facilement que c'est pendant le moyen-âge que cette inscription a été composée. Quant à l'indiction VI, dont il est fait mention ici, elle ne se

(1) *S. August.*, ep. CCXXXVI, 6. — Millin, *Midi de la France*, pl. XLI. — Martigny, *Dictionnaire antiq. chrétiennes*, p. 412.
(2) Elle porte le numéro 16.

rapporte à aucune des dates assignées à cet événement: elle doit se rapporter sans doute à l'auteur, qui est peut-être l'évêque de Marseille ou l'abbé de Saint-Victor.

Sur ce marbre sont gravés les mots *religiosa magna*; ils paraissent indiquer une abbesse ; si on les rapproche des mots *Magnus Dei sacerdos,* par lesquels saint Grégoire de Tours désigne un évêque de Langres (1).

Au bas de cette épitaphe se trouvent deux colombes au milieu desqueles est placé un vase. Nous voyons plusieurs exemples de ce genre de symbolisme (2). Les épigraphistes l'expliquent en regardant le vase comme rappelant l'idée du corps renfermé dans le sépulcre, et les colombes celle de l'âme qui s'en est échappée.

Il n'était pas d'usage, s'il faut en juger par les inscriptions, de graver ni les conditions de fortune, ni la patrie de celui ou de celle à qui l'on destinait cette épitaphe : c'est ce qui se voit dans celle-ci.

Mais peut-être l'on nous objectera pourquoi l'absence complète de toute trace pouvant faire mention

---

(1) *Hist. Franco. III, XIX. — Annal.* O. S. B., t, II, p. 566. — Ed. Le Blant, *Inscriptions chrét.,* t. II. Voir *Marseille.*

(2) Arringhi, *Roma Subt.,* t. II, p. 716. — Ed. Le Blant, *Inscrip. chrét.,* t. I, p. 141, pl. 34, 35, 36, etc.

de son martyre, ni palmes, ni paroles donnant connaissance de son supplice y sont gravées. Puis l'on sait d'une manière positive que Cassien établit un monastère, placé sous le vocable de saint Sauveur, et ici l'on fait mention de celui de saint Cyrice.

Nous croyons que cette inscription a été gravée bien des années après le martyre de cette vierge, et pour en perpétuer le souvenir, époque peut-être où le monastère de Saint-Sauveur a changé pour quelque temps son nom en celui de Saint-Cyrique.

La fête de cette abbesse fut instituée par Mgr de Belsunce, le deuxième dimanche d'octobre, avec la quatrième leçon propre, contenant la légende de la sainte : cette solennité a été placée au 11 du même mois, dans la dernière édition du propre du diocèse (1). On avait conservé la coutume, de temps immémorial, de proposer l'exemple d'Eusébie aux religieuses que l'on admettait au monastère de Saint-Sauveur. D'après un ancien bréviaire manuscrit de l'Eglise de Poitiers, la fête de cette vierge avait lieu le 24 novembre, jour où saint Marin, ermite, reçut la palme du martyre (2).

Les quelques pages que nous venons d'offrir au lecteur contiennent tous les documents qui peuvent

(1) *Propria Massil. diœc.* Parisiis, 1853, voir aux pièces justificatives.
(2) *Acta* SS. O. S. B., t. IV, p. 539.

se rapporter à notre sainte Eusébie. Nous avons compulsé toutes les pièces qui pouvaient nous donner quelques renseignements; nous avons étudié les lieux, consulté les hommes versés dans la science hagiographique de la Provence. Mais ces précautions n'auront pas pu sans doute écarter bien des défauts et des imperfections.

Aussi n'offrons-nous ce travail qu'appuyé sur le témoignage de saint Augustin : « Si vous travaillez « pour Dieu et pour vous pour mieux écouter les « paroles du Verbe en vous, il en y aura toujours « quelques-uns qui sauront vous comprendre. »

Sans doute il y a beaucoup de livres, et un livre de plus est une goutte d'eau dans l'Océan. N'importe! si tous ne sont pas destinés à l'éclat et à l'immortalité, il en est qui consoleront un petit nombre d'âmes, et seront utiles eomme le pain quotidien pour les besoins du jour, sans durer jusqu'au lendemain (1).

(6) Mgr Dupanloup, *Femmes savantes et femmes studieuses,* nouv. édit., p. 16.

PIÈCES JUSTIFICATIVES.

BULLE DE St-GRÉGOIRE LE GRAND A RESPECTA
(597.)

GREGORIUS, RESPECTÆ ABBATISSÆ.

Piæ postulatio voluntatis effectu debet prosequente compleri, quatenus et devotionis sinceritas laudabiliter enitescat, et utilitas postulata vires indubitanter assumat. Proinde monasterio quod in honorem S. Cassiani est consecratum, in quo præesse dignosceris, juxta petitionem filiorum nostrorum, Dynamii atque Aureliani, qui id religiosa devotione domui sui iuris iunctis uniisse ædificiis comprobantur, hæc privilegia prævidimus indulgere. Constituentes ut obeunte antedicti monasterii abbatissa, non extranea sed quam congregatio sibi de suis elegerit ordinetur, quam tamen si digna huic ministerio iudicata fuerit, eiusdem loci Episcopus ordinet. In rebus autem vel in dispositione Monasterii eiusdem, nec episcopum neque ecclesiasticorum quemquam aliquam habere decernimus potestatem ; sed hæc ad sollicitudinis tuæ, vel quæ post te in eodem loco fuerit abbatissa, curam statuimus per omnia pertinere. Die siquidem natalis vel dedicationis supradicti monasterii, episcopus illuc missarum sacra conveniat solemnia celebrare, a quo tamen ita est hoc officium exsolvendum, ut cathedra eius nisi prædictis diebus dum illic missarum solemnia celebrat, non ponatur. Quo discedente similiter etiam cathedra illius de eodem oratorio auferatur. Cæteris vero diebus, per presbyterum qui ab eodem episcopo fuerit deputatus, Missarum officia peragantur. Præterea erga vitam actusque ancillarum Dei sive abbatissæ quæ in suprascripto fuerit monasterio constituta, episcopo, secundum Dei timorem, sollicitudinem statuimus adhibere, ut si aliquam de illic habitantibus, exigente culpa, oportuerit ultioni submitti, ipse juxta sacrorum canonum vigorem modis omnibus debeat vindicare. His ergo a nobis statutis atque concessis ita te in congregationis tuæ dispositione stude sollicitiorem enixius in omnibus exhibere, ut iniqui hostis malitia nihil ibi quod maculari possit inveniat. Hæc igitur omnia, quæ huius pagina præceptionis amplectitur, monasterio tuo in omnibus et ab omnibus in perpetuum servari, Christo protegente, censemus, quatenus indultorum privilegiorum beneficia in sua semper inviolabiliter firmitate permaneant.

Mense octobri indict. 15.

S. Gregorii\|*epistol,* lib. VII, ep. XII.

Nous croyons être utile au lecteur en mentionnant ici toutes celles qui, en portant le même nom que notre sainte, ont mérité comme elle d'être placées sur les autels.

Nous lisons dans les *Acta sanct. ord. S. Benedicti,* sæc. II, que le 16 mars l'Eglise célèbre la fête d'une sainte Eusébie, connue aussi sous le nom d'Ysoie, d'origine royale ; elle descendait directement du premier des Pépins et fut abbesse de Hamaige, dans le diocèse d'Arras.

Muratori, t. I, p. 130. — Le Blant, *Inscriptions chrétiennes de la Gaule*, p. 32, t. II. — Le P. Souciet, *Mémoires de Trévoux*, 1720, p. 931, nous donnent l'inscription suivante :

Hic requiescet in pace
Beatæ memoriæ
Eusebia sacra Dô
puella cuius proba
bilis vita instar
sapientium puella
rum sponsum me
ruit habere X̄p̄m̄
Cum quo re.....

Le Martyrologe romain mentionne une sainte Eusébie dont la fête est célébrée le 22 du mois de décembre.

SACRUM GYNÆCEUM

(Auct. Arturo a Monasterio), ad diem 30 dec.

Apud Weaunense monasterium, diocesis Massiliensis, passio sanctarum Eusebiæ et sociarum sanctimonalium virginum, quæ mirâ constantiâ pro tuitione castitatis et fidei decertantes, martyrii palmam reportarunt.

S. JOANNES CASSIANUS ILLUSTRATUS

(Auct. Guesnay), Lugduni, 1652, in-4, p. 510.

In his frequentibus in Gallia tot barbarorum grassationibus, dum Vandali mixtis Alanis, Gothis, et aliis barbaris nationibus, ex Hispaniâ olim a duce Bonifacio excurrunt in Africam, et piratico apparatu adversi littoris circumquaque provinciis imminent, tempestate subito abrepti, ex alto invehuntur in oram Massiliæ maritimam.

Descensione factâ, urbem aggrediuntur. Ingens eo loco vis erat populi, portæ oppidi clausæ, disposita præsidia, tantoque ad repellendos hostiles conatus labore, assiduitate, dimicatione certatum est, ut ab incolis exclusi Barbari, et ad vicinos circumquaque agros depopulandos diffusi, Yvelini fluminis ostium aditumque subierint. Ibi Parthenium cenobium, in quo S. Eusebia novem super triginta monialibus religiosissimis præerat antistita, facile armati obsident, et inermem multitudinem occupant. Tum vero effrenatus ac furiosus miles catervatim irruere, clamoribus validis ad cædem exposcere, impuras ac sacrilegas appellare. aliisque huiusmodi probris contumeliose proscindere. Quæ voces dùm ab incondita plebe tolluntur non tam in leniendis iratis suavitas quædam sermonum atque morum, quam in retinendâ fide tolerandisque iniuriis constantia sacrarum Virginum apparuit. Verum brevis, aut certe nullus apud barbaros fuit eius officii usus ; omnes rebus, quas in suppellectile sive profana domi, sive sacra in templo habebant, omnibus spoliantur, vix uno relicto quo pudoris gratia tegerentur amiculo. Sed cùm omnino maioris prædæ spes eos sua frustrata esset multis modis Christi famulas divexant, alius pugionem, alius hastas intentans, ac dari sibi quidquid pecuniæ reliquum esset, aut copiarum rei familiaris minaciter iubent, alii vero manus etiam inferunt. Quos ubi adorientes se Christi famulæ inspexere, non modo exuere se periculo mortis in momenta singula impendentis, aut evadendi potestate uti noluerunt, sed etiam provolutæ in genua tandiù perstiterunt orantes, attentoque animo quæ martyres olim pie fortiterque gesserant reputantes, quoad permissæ sunt vivere. Demum nihilo secius prædones in impietate et crudelitate mitiores facti sacras victimas in fidei ac vitæ religiosæ professione constantes vinculis et verberibus atque omni supplicio excruciatas necant. Quæ fortiter dato capite, ad duplicatum virginitatis et martyrii præmium evolarunt.

ANNALES ORDINIS S. BENEDICTI

(Auctore Dom. Joh. Mabillon), *Lutetiæ Parisiorum*,
MDCCIV, t. II, p. 90, ad annum 732.

EUSEBIA ABBATISSA MASSILIENSIS.

Huc etiam revocant nobile factum sanctimonalium quadraginta cænobii sancti Cyrici, prope Massiliam a Beato Johanne Cassiano erecti, quæ, hortante Eusebia matre et abbatissa, ne suæ pudicitiæ vis à sarracenis inferretur, nasum sibi præci disse traduntur. Extat in sancti Victoris monasterio Eusebiæ tumulus, cui imposita est eiusdem heroinæ effigies, dimidià facie et naso mutila, cum hoc epitaphio, præfixo Christi monogrammate, in hunc modum mendosissime scripto :

> Hic requiesset in passe Eusebia religiosa
> Magna ancela Domini,
> qui in secullo ab heneunte etate sua vexit
> secolares, annus XIIII et ubi a Domino
> Electa est, in monasterio sanctorum Cyrici
> servivet annus quinquaginta ; recesset
> sub die pridie kall. octobris, indictione sesta

Sanctimoniales aliæ quadraginta eius sociæ iacent in medio sacello Beatæ Mariæ de Confessione, ut vocant : cuius aditus mulieribus interdictus. In eodem sacello cernitur sepulcrum et epitaphium Tillisiolæ eiusdem loci abbatissæ...

ACTA SANCTORUM ORDINIS S. BENEDICTI

(Auctore Dom. Joh. Mabillon), Venetiis, MDCCXXXIV, t. IV
p. 487 circa an. 731.

Lubet hoc loco subiicere epitaphia duo, quæ Massiliæ extant in Monasterio S. Victoris, ordinis S. Benedicti : unum Euse-

biæ abbatissæ cænobii S. Quiricii a Johanne Cassiano ex-
tructi prope urbem, quæ una cum sanctimonialibus quadraginta, ne pudicitiæ suæ vis a Saracenis inferretur, nasum sibi
præcidit, eodem forsan tempore, quo S. Marinus ab eisdem
barbaris necatus est. Quam loci traditionem confirmat gene-
rosæ illius heroinæ effigies dimidia facie et naso præciso, tumulo imposita, cum hac epigraphe :

Per hic requiesset in passe Eusebia religiosa
. . . .

Sanctimoniales quadraginta quæ cum illa nasum sibi eodem
animo præcidere, iacent in medio sacello B. Mariæ de Confessione, ut vocant, cuius aditus mulieribus interdictus, etc.

DIŒCESIS MASSILIENSIS

1853.

DIE XI OCTOBRIS

SS. EUSEBIÆ ET SOCIARUM

Virginum et Martyrum, duplex.

Oratio. Da nobis quæsumus Domine Deus noster, etc.

LECTIO IV.

EUSEBIA virgo, insigni pietate illustris, sacrarum virginum monasterio profuit quod olim beatus Cassianus in agro Massiliensi, non procul a S. Victoris templo, extruxerat. Irruentibus in monasterium infidelibus, sacras virgines de vitâ retinendâ minùs quam de pudore servando sollicitas, hortatur Eusebia nasum sibi præcidant, ut cruento spectaculo barbarorum accendatur feritas libidoque extinguatur. Quod cùm incredibili animi alacritate et ipsa et cæteræ omnes præstitissent, barbari primùm rei novitate attoniti, tunc furore perciti, eas numero quadraginta, Christum mirâ constantiâ confitentes immaniter trucidârunt.

LECTIO V.

EARUM ossa in subterraneo sancti Victoris templo condita, veneratione religiosa coluntur. Certissimâ constat traditione in earumdem monasterio, quod intra Massiliæ muros translatum, sub sancti Salvatoris nomine diù floruit, olim moris fuisse, ut quotiescumque virgo aliqua vel ad ponendum vitæ cœnobiticœ tyrocinium, vel ad vota emittenda admitteretur, abbatissæ Eusebiæ sociarumque martyrium illi sacerdos velut maximum constantiæ incitamentum in memoriam revocaret.